Requiem pour Ongola en Camfranglais

Une Poétique Camerounaise

Peter Wuteh Vakunta

Langaa Research & Publishing CIG
Mankon, Bamenda

Publisher:
Langaa RPCIG
Langaa Research & Publishing Common Initiative Group
P.O. Box 902 Mankon
Bamenda
North West Region
Cameroon
Langaagrp@gmail.com
www.langaa-rpcig.net

Distributed in and outside N. America by African Books Collective
orders@africanbookscollective.com
www.africanbookscollective.com

ISBN: 9956-792-91-8

Dedicace

Aux chats bottés de Mvomeka'a, siège occulte de la secte Essingan au Cameroun. Paix aux âmes de toutes les victimes des méfaits de cette confrerie diabolique et de la crise morale qui fait tsunami au bled ongolais.

Avant Propos

Tchatcher de la pluie et du beau temps dans la langua du terroir c'est bien. Tchatcher en camfranglais à propos de piètre sort des tchotchoros ongolais c'est encore mieux. *Requiem pour Ongola en camfranglais: une poétique camerounaise* c'est le cri strident des laissés-pour-compte ongolais. Ce niama-niama bouquin tok par la bouche des sans voix —chargeurs, taximans, benskinneurs, call-boxeurs et call-boxeuses, pousseurs et pousseuses, bayam sellams, wolowoss et sauveteurs. Quand je nyè l'Ongola d'auday il n'y a que le ndiba qui me coule aux yeux. Du paradis terrestre d'hier nous sommes enter dans l'enfer ténébreux par le temps qui cours. Souvent, je me tell qu'il n'y a que les alamibous qui viendront nous komot du caca dans lequel nous sommes-là. Notre bled est devenu le hideout des feymen politiques. Les zangalewa ont perdu la boussole.Les mange-mille sont devenus des vampires, buveurs de sang des innocents.Les gendarmes? Pire encore! Tout ça à cause du chiba d'Ali Baba et ses quarante kickmans; les fourmilles qui plument notre cher kondre à vue d'oeil. Partout dans le monde le bas peuple ont pris le pouvoir en leurs mains et ont langua aux fossoyeurs des nations bananières que non; trop c'est trop! C'est comme ça qu'ils ont chassé les politiciens ventrologues du pouvoir; oui frère-o, la ventrologie est become le credo des pays africains. Mais au lieu que les Camers stop de souler le jobajo jour et nuit et do something pour changer leur sort; ils ne foutent rien de rien. Alors qu'ailleurs en Afrique, les Ben Ali, les Gaddafi, les Mubarak et les Compaoré sont fall du pouvoir à cause de la fâcherie des damnés de la terre qui ont tok aux kamambourous d'en haut que: Mof-de! Vous n'êtes pas nés avec le pouvoir! C'est pour cette même raison que je wanda que c'est quand alors le tour des Camers? One day, je reprendrai la route du retour au bercail. Arrivé au kwat, je dirai à mes réfrés et résés que; die man no di fia bury grong; man no die man no rotten. J'irai tok à mes rémés et répés que: Gardez-vous de rester en position de spectateurs; car la vie n'est pas du bally-bally! Un mola qui pleure n'est pas un nyama-ngoro qui saka. Je dirai à mes cousins et cousines que: wuna lookout: les brebis d'auday peuvent devenir les loups de demain.Paroles de sagesse. Le jour de mon retour au pays natal, je triendrai ce cahier en main comme témoignage de ma lutte assidue contre les grave-diggers de la patrie ongolaise. Ce livre-ci servira de preuve de ma persistance dans le combat pour la libération d'Ongola de la mainmise des Beti, chop-broke-pot!

Lorsque ce chep-ban de Mvomeka'a
Est come au quat à Etoudi en 1982,
J'ai seulement langua aux capos que,
Mola, wuna lookot da djimtété.
Ils m'ont demandé que comment
Tu tok comme ça no mola?
Là là! J'ai mangé la terre en leur disant que:
Je nyè que ce mbenguiste qui est come au pouvoir
C'est un véritable come-no go.
Je leur ai tori que ce mola qu'on a chassé du séminaire
Pour je ne sais quelle raison,
Va quarrément foutre le Kamerun dans le caca!
Les tara ont refusé carrément de me ya,
Ils m'ont dit seulement que,
Djo, arrête de nous tchatcher come un djoun man
Y en a même qui m'on dit de comot avec mon voum-là!
Autrement dit, il a m'ont pris pour
Un yoh qui ne leur fait que le sissia.
Je leur ai seulment montré mes
Attrapes–manioc en leur disant que
Mbombo, wuna cop nyè
Fais quoi, fais quoi vous allez nyè que
C'est moi qui tok le vrai toli,
Sep so ils m'ont dit de shut-up!
Y en a même certains longs crayons
Qui ont komot leurs bics pour écrire
Des conneries que Godot
Est finalement arrivé à Ongola.
On a chanté, on a saka à Yaounde à mort,
On Soulé à Douala plenti,
On a nyoxé à Bafoussam comme des mabouls,
On a arrosé avec de l'odontol et du matango,

Tout ça, rien que pour célébrer l'arrivée au pouvoir
Du Roi-Fainéant camerounais.
Comme les Camers sont les vrais mboutoucous,
Nobody a nyè que le chop-chair
De Baba Toura est un bad diable!
Les journalistes de la CRTV ont même
Commencé leur one-man-show,
Ils ont chanté que Popol est
Le nouveau Jacques Chirac ongolais
Certains radio-trottoirs sont allées
Jusqu'à toli everywhere que Paul Mbiaya
C'est le Messie que les Camers attendaient depuis from!
Beaucoup de pipo ont ont tok que
Paul Mbiaya c'est la manne divine
Qui est tombée du ciel sur la tête des Camers.
Les yoh et les yoyettes ont chanté et ont saka nonstop:
Popol-eh! Popol-eh, notre cher président-eh!
Popol-eh! Popol chaud gars-eh et patati et patata!
Nos voici auday dans le zouazoua des chop-bluk-pot!
Vrai de Dieu, le Cameroun n'a rien à envier à Bagdad!
Ngola na Bagdad? Quelle guerre politique!
Tu go à Mamfe, na daso guerre partout!
Entre Agbor Tabi et Paul Ayah.
Ils sont à couteaux tirés nuit et jour.
Ngola no be na daso Bagdad!
Quelle guerre politique chez nous!
Les ennemis dans la maison-eh?
Tu go à Tiko, il y a le feu politique
Entre les autoon va cochtones et les grafis,
Guerre des sons of the soil contre
Les come-no-go originaires d'Abakwa.
Weh! Weh! Womohoh! On va faire comment?

Ngola est devenu Nagasaki and Hiroshima!
You go for Nkambe, na daso fire!
Il y a la guerre intestine entre
Awudu Mbaya Ibrahim et Shey Yembe Jones!
Bamenda dong ton be na Vietnam.
Tu go à Bamenda sep sep,
Il y a la guerre génocidaire entre
Les politiquarts assoiffés de pouvoir.
Atanga and Angwafor say Fru must go for Baba
Ils veulent chasser le Chairman kaweh,
Dem say Chairman must rentrer dans son lage natal.
Ngoketunjia don ton be na Waterloo!
Tu go à Ndop popo,
Il y a la guerre politique entre opposants et Rdpcistes.
Docta Lesigha and Fon Doh ne veulent pas nyè eye to eye
Popo mc, I di askam say, hein:
C'est quand alors la fin de cette krish à Ongola?
Et la part de Popol inside dis brouhaha?
No man no sabi. Allez donc dire si le peuple
A le droit de savoir la manière dont ils sont gouvernés.
Les élus du peuple sont-ils là seulement pour faire
La politique du ventre au bled?
Autrement dire, sont-ils seulement les ventrologues?
Ou alors ils sont là seulement
Pour faire ami–ami avec leur idôle, Popol?
Je wanda seulement, hein.
How you sep you nyè dis affaire no mbombo?
Là ou sommes-là, I see say il y a que les alamibous
Qui peuvent sortir les camers du ndoutou
Dans lequel ils s'enfoncent everyday
Mbombo, avant foirage no bi been,

Au day, foi and ngueme day side by side,
Mbourou no day for yang sep pain chargé.
Les Baca-Licenciés no fit nyè boulot for pays,
Ils sont beaucoup qui font le mbambe
Pour pouvoir chop du garri,
Les détenteurs du GCE-Advanced Level
Font le boulot de broke stone pour pouvoir vivre,
Les GCE Ordinary Level sont les vendeurs de sand sand,
Y en a même qui font le bout de maboya!
Les jeunes talents font les niama niama jobs
All day long sinon ils vont crêver de ngré,
Beaucoup de nga sont devenues akwara
Because moyen no day for Ongola.
La feymania est devenue toute une carrière chez nous:
Feyman au nord;
Feyman au sud
Feywoman à l'ouest
Feywoman à l'est!
Feymania le jour,
Feymania la nuit!
Pipo me je wanda que, hein,
Did we own kondre sept na which kain kondre sep?
L'impunité est become la règle d'or for Ongola.
La Constitution nationale dong become du papier hygiénique
Que Popol utilise pour essuyer son anus!
L'Assemblée nationale na Parliament of idiots!
Pour ne pas dire groupement des ignares!
Notre Sénat c'est quoi,
Sinon une assemblée des moribonds?
Les forces de l'ordre?
Nous n'en avons pas!

Mange-mille dem dong ton be na kick pipo!
Mbéré come for youa hause, il va te demander:
Qu'est que tu m'as gardé?
Tu pars chez un mange-mille il va te ask que:
Tu m'as amené quoi?
Eh Eh! Mange-mille dem!
Wuna don ton be na latrine: so-so take'am?
Mbéré-khaki,
Mange-mille,
Police-man,
Policier,
Dan sanda,
Burushi,
Flat floot…
All dis wan na daso kain
Kain name for Mbéré-khaki dem.
For Cameroon mange-mille na daso tif tif,
Dem tif sotai pass ngong dog!
You wan pass for any side,
Mbéré-khaki dem dei for dei.
You wan sit down for bar
For souler youa raffia mimbo,
Mbéré-khaki dem dei for dei!
You wan go for tourne-dos for damer
Youa garri with okro soup,
Mbéré-khaki dem dei for dei!
You dei tontine or for njangi
Mbéré-khaki dem dei for dei!
Dem di mek like sei dem di boulot,
But dem no di wok no fucking ting!
Dem own wok na daso allo!
Le travail que les policiers onglais

Savent bien faire c'est le tchoko
That one,dem sabi do'am fain fain,
Na daso kick wok dem dei do,
Mbéré-khaki dem tif sotai taim no dei.
Soso tif pipo dem moni take'am go souler jobajo,
Soso tif ngomna moni take'am go nyoxer wa dem,
Daso tif moni for wok place,
Take'am go tie hause for dem lage,
Na so we own police pipo for Cameroon dem dei.
Cameroon Burushi na popo shame!
Dan sanda for Ambasonia
Na daso lie lie police.
If tif pipo dem broke youa hause,
You call office for Mbéré-khaki say,
Mek dem come helep you,
Dem go axe you say:
You get moni for buy petrol put'am for we motoa?
You must buy petrol put'am for dem motoa
Before dem go come for youa hause!
Just begin ya me some krish!
I di wanda say dis wan dem
Na which kain police sef?
If pipo dem di ndomo sotai
Blood di comot for dem mop,
If Mbéré-khaki di pass,
Yi go daso kop nyè yi run nine-ninety,
Go sit down for off-license
Yi begin souler yi mimbo kule kule
Like say nating no di pass for upside!
Yi di pump breeze for one delta.
Na so mange-mille for Cameroon dei.
We own mbéré dem daso chop moni

For ngomna for nating,
Pour tout dire les Mbéré-khaki
Ongolais sont des flics clando!
Mange-mille ongolais na popo national Disgrace!
Dis tori we I di knack'am so,
I no ya'ram for some man,
I take dis ma own two eye I nyè.
Cameroon na helele-o!
Vraiment Cameroon na really le Cameroun.
We own policiers na daso voleurs!
We buy prein-prein gee dem say,
Make dem take'am lookot we dei,
But dem take da prein-prein ton shoot we dei!
Ah ah, na which kain barlok dis?
We buy dem uniform,
Dem take'am wear'am come tif we moni!
Na so we own flat foot for Nooremac dei!
Popo international Disgrace!
For Ambassonia,
Big mbéré dei like small mbéré:
Commissaire tif,
Sans galon tif,
Superintendent of Police mek wayo,
Police constable mek wuru-wuru.
Ha, dis wan na lock mop!
All dem na daso one and di same thing.
I dong see dis palava so,
I check for ma head sei,
Popo da Ecole de police for Ngola,
With da Police School for Mutengene,
Na daso tif pipo dem di learn book for dei?
Da mean sei all professeurs for dis two

Sukulu dem na daso chef bans and menteurs dem?
If no be so,
How come?
How yi be sei,
All poice man with poice woman way dem comot
For dei dem di daso tonton tif like dog?
You sef, wheti be youa own mimba for dis matter, no?
Just now, mbéré est devenu synonyme de tchoko:
Da sick for tchoko na wahala for Ngola:
Tu pars à l'hopital pour voir le docta,
Dem daso tok say:
Massa, mek you tchoko.
Il vous diront:
S'il vous plaît,il faire bien parler.
No make erreur mola, dat be say you must tchoko,
Aman, yes no so da we own tchat for tchoko day.
Je jure que nous sommes
Dans le ndeme au Cameroun.
Ta femme veut accoucher à l'hosto,
Les nurses go daso tok que madame il faut tchoko,
Sinon ton bébé ne viendra pas,
Ha ya ya yi!
Massa, dis wan na real ndoutu!
Mbéré arrêtez you for road with your motoa,
Il va seulement vous tok que, hein membre,
If faut donner le café au chef,
Mon réfré, no make erreur:
Ce n'est pas le café vrai vrai que le policier cherche,
Il te demande les mbourous.
Ma rémé go à l'hosto pour se faire guérir
Les connards qui boulottent là-bas lui ask le tchoko,
Ma résé qui a cha le bele,

Va à la mairie pour faire le marred avec son yoh,
You must sabi say le maire va leur ask de tchoko,
Même au cimetière, mon beau
Il faut tchoko avant d'être enterré!
Donc, même les cadavérés ongolais
Sabi cette aff de tchoko!
Tchoko na popo kam-no-go!
All Camers dem dong katch da sick for tchoko!
Dem daso tchoko, soso tchoko left and right!
Big man tchoko, small man tchoko!
Tchoko en haut, tchoko en bas!
N'est pas le tchoko est devenu
Une vraie Ebola au Cameroun?
Da sick trong sotai pass all melecin pipo.
You wan put eye for youa dossier
For any bureau for Ongola,
Dem go say mek you tchoko.
Tchoko na popo 'cancer' for Ongola-o!
You wan write sep concours,
Dem go daso say mek you tchoko.
Tchoko na popo SIDA for Cameroon-o!
You wan put pikin for école,
Dem go open dem rotten mop dem say mek you tchoko.
Tchoko na popo 'epidemic' for we own kontri-o!
Mbéré-khaki stop bendskin for road,
Yi go daso tok say mek bendskinneur tchoko,
Tchoko na popo 'pandemic' for Abakwa-o!
Woman wan born for hospita,
Dem go daso tok say mek yi tchoko.
Tchoko na popo come-no- go for Nooremac-o!
Youa répé meng,
You wan mof yi die body for 'mortuary',

Dem go say mek you tchoko.
Tchoko na Sick Number One
For la République Clando du Cameroun-o!
You go for fain boulot,
Dem go say mek you tchoko.
Sep wok for maboya,
Dem di ask tchoko daso!
No wanda all man dei for Chômercam for Ngola!
Tchoko na wandaful sick-o!
You wan mek marred for Church,
Fada go say mek you tchoko.
Da sick dong katch sef pipo for church-o!
Youa pikin wan tek baptême,
Pastor go say mek you tchoko.
Yi dei like sei God for Ongola
Yi sef dong gring dis palava for tchoko!
Tchoko na popo manawa for Cameroon-o!
How wey dis palava be so,
Wusai we go tek magan
Before we come mof dis bad sick dei?
Megan pipo for Oku,
Dong try yi pass dem.
Alamibou pipo for Nyos,
Dong try yi pass dem.
Marabout dem for Adamawa,
Dong try yi pass dem daso.
Malam dem for Foumban,
Dong try with gris-gris yi soso pass dem!
Mukala dem dong try with white-man
Megan yi daso pass dem.
Na yi wey 'Transparency International'
Dong vex sotai yi tok say:

Cameroon is the Sick Man of Africa!
Woomoh! Woomoh! Woomoh! Barlok-eh!
Na which kain barlok tchoko sick dis-eh!
Yeee! Ein! Yeee! Ein! Yeee! Ein!
Cheh! Cheh! My bro,
Dis we own pays sep na helele-oh!
Alors, mola,
Si auday quelqu'un te ask que
Quel est même ce fléau qui a tcha notre beau pays?
Il faut lui tok seulement que la maladie inguérissable
Qui fait ravage dans notre 'Afrique en Miniature'
C'est la crise morale—
Ouais capo, le cancer ongolais c'est l'impunité,
Vous me yiaez bien, non?
Il n'y a pas d'autre sick à Ongola
Qui dépasse le moral crisis dans lequel
On se retrouve auday.
Ce que je vous tok-là, ce n'est pas le hon- hon- hon,
Rien que la vérité, vrai de dieu!
Le camers sont connus mondialement
Pour leur feymania, et leur menteries,
Pour leur manque de patriotisme,
Pour leur escroquerie éhontée
Et même pour leur expertise
Dans la consommation du jobajo.
Quelle honte nationale!
Mainant, dans tout ça Popol is to blame.
Because on ne gère pas un pays by remote control.
Popol est un absentee landlord.
Paul Mbiya ne vit pas au Cameroun.
Popol est un Roi-fainéant!
Popol est paresseux!

Popol est vantard!
Popol est malhonnête!
Popol est insouciant!
Popol est ignare!
Popol est gourmand!
Popol est avare!
Popol n'est pas patriote!
I no sabi sep s'il est Camerounais.
Quand il quitte le Cameroun-là pour aller passer
Des mois et des mois chez les toubabs-là,
Il pense même que quoi?
Que son pays va même devenir quoi?
Quand il est monté au trône
Suite à la disparition de Baba Toura,
Il a start to sing une chanson qui a fait rêver
Pas mal d'ongolais: rigueur et moralité!
Aujourdhui cette chanson d'espoir est devenue
Le requiem pour notre chère Ongola!
Rigueur et moralité est devenu,
Rancune et arrogance!
La démocratie avancée est devenue
Democraziness and retardation in Ongola!
La lutte contre la corruption
Est devenue la chasse aux sorciers!
La construction nationale
Est devenue le délabrement national!
Monsieur Mbiya a même sorti un book que,
D'aucuns disaient que c'est son pote,
François Senghat kuoh qui l'avait écrit,
But who cares? Peut importe!
Le fait est que *Pour le libéralisme communautaire*
Est un cahier qui a donné pas mal d'espoir aux Camers!

Malheureusement, rien n'a été fait de tout ce que M. Mbiya
Avait écrit et promis dans son bouquin!
Rien de rien! I di tell you!
Alors, feymania ou manque de foi?
A vous de juger! Tout ce que je sabi
C'est que Mr. Paul Mbiya,
C'est l'albatros du peuple ongolais, un point un trait!
Un nie-man comme ça qui waka avec des sacs flop de ndo
Alors que ces compatriotes meng de ngré.
A l'hosto, zéro médicament!
Oui mola, les médicaments sont bolè à l'hosto.
Alors que M. Mbiya a batti un hosto à Baden-Baden!
Dans les banques ongolaises les mbourous sont bolè,
Alors que M. Mbiya a des comptes bancaires
Bien approvisionnées en Suisse et en France!
Dans les services publics ongolais,
Les fonctionnaires travaillent njoh,
Alors que les militos et les nindjas gagnent
Dix fois plus leurs salaires normaux!
Ma sista, tu dis vrai que
Le Cameroun c'est le Cameroun!
Yes tara, na so da toli day.
C'est le nouveau national anthem
Qui est comot à Ongola:
Laissez-moi vous langua cette tori.
I say mek I langua wuna dis nouvelle.
Un nouvel hymne national vient de naître à Ongola.
Some national anthem dong comot
Just now for Ongola.
Da mean say some national anthem

Dong show head for we own kontri.
Voici comment se chante notre hymne national:
Le Cameroun c'est le Cameroun,
On va faire comment alors, massa?
That is to say,
Cameroon is Cameroon,
What can we do?
Autrement dit,
Cameroon na Cameroon,
We go do na how-no?
Grand Katika for Etoudi,
Kick all mbourous for caisses de l'Etat,
On chante toujours:
Le Cameroun c'est le Cameroun,
On va faire comment alors?
That is to say,
Cameroon is Cameroon,
What can we do?
In other words,
Cameroon na Cameroon,
We go do na how-no?
Les salopards de ministres
Détournent le nkap de l'Etat,
Les camers chantent sans cesse:
Le Cameroun c'est le Cameroun,
On va faire comment alors mon frère?
That is to say,
Cameroon is Cameroon,
What can we do?
Autrement dit,
Cameroon na Cameroon,
We go do na how-no?

Les zangalewa matraquent
Les étudiants en grève sur le campus
De l'Université de Buea, jusqu'à les nyoxer,
On chante comme des moumous:
Le Cameroun c'est le Cameroun,
On va faire comment alors?
That is to say,
Cameroon is Cameroon,
What can we do?
To put this differently,
Cameroon na Cameroon,
We go do na how-no?
Les mange-mille meng les taximan
Parce qu'ils ont refusé de tchoko,
On chante seulement:
Ongola c'est Ongola,
On va faire comment alors,no djo?
That is to say,
Cameroon is Cameroon,
What can we do?
In ala word,
A Cameroonian is a Cameroonian,
We go do na how-no ?
Les gendarmes violent les bayam sellam
Parce qu'elles ne veulent pas donner le café,
On chante sans cesse:
Le Cameroun c'est le cameroun,
On va faire comment alors?
That is to say,
Cameroon is Cameroon,
What can we do?
In other words,

Cameroon na Cameroon,
We go do na how-no?
Les hommes politiques
Truquent les élections à vue d'oeil,
Parce qu'ils sont affligés de la mégalomanie,
On chante:
Les Camers sont les Camers,
On va faire comment alors?
That is to say,
Cameroonians are Cameroonians,
What can we do?
In ala words,
Cameroonian na Cameroonian,
We go do na how-no?
Le gouvernement refuse de goudronner les routes,
Parce les ministres ont détourné les mbourous ,
On chante sans honte:
Le Cameroun c'est le Cameroun,
On va faire comment alors?
That is to say,
Cameroon is Cameroon,
What can we do?
En d'autres mots,
Cameroon na Cameroon,
We go do na how-no?
Les fonctionnaires sont compressés
A cause de la crise économique
Et de la corruption endémique,
Engendrée par le dysfonctionnement étatique,
On chante comme les moutons:
Le Cameroun c'est le Cameroun,
On va faire comment alors?

That is to say,
Cameroon is Cameroon,
Na so da we own
Cameroon National Anthem dei!
What can we do?
Autrement dit,
Cameroon na Cameroon,
We go do na how-no?
Na so da we own
Hymne ongolais day!
Les diplômés d'université
Se retrouvent au Chômercam,
On chante comme des ignares:
L'Ongola c'est l'Ongola,
On va faire comment alors?
That is to say,
Ongola is Ongola,
Na so da we own
Cameroon National Anthem dei!
Le Grand Katika nous largue
Une constitution constipée
Bekoz il veut crever au pouvoir,
On chante bêtement,
Pour ne pas dire moutonnement:
L'Ongola c'est l'Ongola,
On va faire comment alors?
That is to say,
Cameroon is Cameroon,
Na so da we own
Cameroon National Anthem day!
Les Mbéré-Khaki meng
Des bendskinneurs foreska affaire nkap,

On chante comme des écervelés:
Ongola is Ongola,
On va faire comment alors?
That is to say,
L'Ongola c'est l'Ongola,
Na so da we own
Cameroon National Anthem dei!
Le Chop Pipo Dem Moni Party (CPDM)
Nous fait voir de toutes les couleurs,
Parce qu'il n'y a pas moyen
Pour les partis d'opposition ongolais d'y faire face,
On chante comme des cinglés:
Le Cameroun c'est le Cameroun,
On va faire comment alors?
That is to say,
Ongola is Ongola,
Na so da we own
Cameroon National Anthem dei!
Le Grand Katika sort tout les dos
De la Caisse noire présidentielle
Afin d'aller construire
Son hosto privé à Baden-Baden
On chante peureusement:
Ongola is Ongola,
On va faire comment alors?
That is to say,
L'Ongola c'est l'Ongola,
Na so da we own
Cameroon National Anthem day!
Une pute se métamorphose en Première Dame
On chante à la manière ongolaise:
Le Cameroun c'est le Cameroun,

On va faire comment alors?
That is to say,
L'Ongola c'est l'Ongola,
Na so da we own
Cameroon National Anthem dei!
Un professeur ongalais dépassé
Par l'état des choses s'est écrié:
Vraiment le Cameroun est formidable,
Vivons seulement.
Da mean say:
Cameroon na wandaful bled
Mek we begin nyè daso.
C'est le comble!
Na ma complice for Nkouloulou dong nyè
Da aff so yi tok daso say Ongola
C'est la République Clando.
For we own kondre,
Clando dem plenti like shit!
Taxi wey yi no get pièces du véhicule,
Da mean sei buk for matoa no day,
Yi di run na clando.
Da kain taxi dem day for Ngola fullup.
But no be wuna sabi say,
Clando no be daso matoa?
Man wei yi dung go for Bonamussadi
Go buy lie-lie degree
Da kain man na clando Bachelier.
Da mean say yi be na allo
Bachelors Degree holder.
No be you sabi dem plenti for Ngola?
Sep, some kokobioko professor dem na clando!
Some taim some wan dem day

For inside youa sukulu sef.
Yas, tara no mek erreur.
Clando dem day color by color for Cameroon.
We get clando teacher.
Some teacher wan go waka yi waka for Oyibo kontri,
Yi daso go fain clando teacher put'am for yi class
Mek yi begin do lie-lie teacher wok.
We get clando civil servant,
Civil servant way yi day for Mbeng
But yi di take salaire for Ngomna for Cameroon!
Yes,mola! Da kain fonctionnaires dem beaucoup
For we own kondre auday!
We get sef Clando professor!
Yas, mbombo, clando professor dem fullup for Ambasonia.
Man wey yi dong go tif PhD dissertation
For America run go tonton defend'am for Britain,
Na popo clando professor!
No wanda, dem no fit write even one book.
Bekoz wata no day for dem kongolibon head!
Yas, mbombo,
We get clando mange-mille.
We get clando soja,
We get clando gendarme,
We get clando docta,
We get clando nurse.
Clando day for Cameroon kain kain.
Some taim be dei,
I check for ma head sei
Popo dis Republic of Cameroon sef
Na daso Clando Republic!
Yas, complice,

Election na clando,
Concours for ENAM na clando,
Concours for ERIC na clando,
Concours for ASMAC na clando,
Concours for ASTI na clando,
Concours for Ecole Normale Supérieure na clando,
Concours for Ecole Normale de Bambili na clando,
Concours for CUSS na clando,
Concours for Polytechnique na clando,
Concours for Ecole de Police na clando,
GCE Ordinary Level na clando,
GCE Advanced Level na clando,
Baccalauréat sep na clando,
University na clando,
Supreme court na clando,
Assemblée nationale,
Da mean sei,
National Assembly na clando,
Le Sénat, Assemblée de demi-morts na clando,
Sef Grand Katita for Ngola yi sep na Clando president!
Yas tara, I see say you di shek youa head,
Popo président de la République du Cameroun
C'est un Président clando!
First Lady ancienne Akwara, na clando!
Yas, na we own Première Dame be that!
Bullshit!!! Crap!!!
Woman wey yi be dung wok ashawo sotai tire.
Na yi dong ton be First Lady for Ongola today.
Clando na helele for Ongola-o!
I dong sit for down I check dis palava so,
I say better we lef joke,
Tok na turu tok,

Better we just change di name for we own kondre,
We begin call'am sei:
The Republic of Clando.
How you sef see dis palava,djo?
Cette histoire de Clando est
Devenue un véritable cancer à Ongola
Mais le vrai cancer d'Ongola na daso affaire Anglo,
Yes, mbombo la chose qui va broke le pays en deux
C'est the Anglophone Problem!
Cette Affaire Anglophone c'est même quoi no, bro?
Je ne sais plus qui je suis,
D'autres m'appellent Frog,
Je ne sais pas qui je suis.
Mon sobriquet c'est le Bamenda
Y en a même qui m'appellent ennemi dans la maison,
Alors je wanda que, si je suis enemy in the house,
Vous, vous êtes meme quoi?
Des saintes nitouches?
Espèce de prétentieux!
Certains d'entre vous me qualifient
De Biafrais et je wanda pourquoi.
Et vous mêmes, qui êtes vous?
Gaulois? Français? Ou Quoi?
Mon nom c'est le citoyen de second degré.
D'autres osent même me donner
L'épithète d'enfant terrible de la famille.
Taisez-vous!
Ne m'embêtez pas!
You don't know que je suis ici au pays natal?
Vous ignorez que mon cordon ombilical est planté ici.
Ecoutez, je me battrai jusqu'à la dernière
Goutte de mon sang

Afin de me forger un vrai nom ongolais.
Vous ne m'appellerez plus Anglo!
Vous ne m'appellerez jamais mon Bamenda!
Vous ne me nommerez plus Bafrais!
Vous ne me qualifierez plus Anglofou!
Mof- me de! No humbug me!
Ne me dérangez plus!
Vous ignorez que je suis fils du terroir?
You don't know that I am son of the soil?
Vous feignez ne pas savoir que je suis ici au bercail?
Je me battrai jusqu'au dernier souffle
Pour me façonner une véritable langua qui me sied bien!
Je ne parlerai plus français,
Je ne parlerai plus English,
C'est-à-dire que désormais, je parlerai camerounais
Parce qu'ici nous sommes chez nous;
A bon entendeur salut!
He that has ears should hear!
Voilà alors ce que les ongolais
Ont l'habitude d'appeler L'Affaire Anglophone,
But me je wanda que c'est même quoi la cause de ce palaver
Entre les Anglos et les froggies du Cameroun.
Mombo, laisse-moi te tchatcher à propos de cette aff,
Le bahat entre ces deux peuples n'a pas begin hier hier.
Il faut que tu me hia bien!
Parce que l'Affaire Anglo c'est l'incendie
Qui va faire s'écrouler l'édifice national à Ongola.
I di tell you! Sans blagues!
Après avoir combattu dans le marquis
Avec le soutien des Baos comme les
Reuben Um Nyobé, les Ernest Ouandié,

Les Félix Moumié, les Wambo le Courant et consort,
Pour chasser les Gaullois de la terre ongolaise,
Voilà maintenant les Frogs se mettent sur
Leurs fesses pour dire aux Angos d'aller se faire foutre!
Mola, comment toi même tu peux expliquer tout ca?
Tu luttes, tu luttes avec ton frère pour libérer le long,
Just now, après le freedom ton frère te dire comme quoi,
Le long n'appartient qu'à lui seul!
Je te vois te grater ton kongolibon,
Mais si je t'ai tell ce toli c'est pour que tu saches
Combien l'Affaire Anglo est djim dans notre histoire.
Tu me comprends, bien!
Il faut que les tchotchoros qui sont nés hier hier-là
Et qui ne know pas l'histoire ongolaise m'écoutent bien!
Il faut me ya bien parce que les pikins
Qui sont tombés de la derniere pluie et ne savent
Rien de rien de l'affaire Anglo vont te remplir les oreilles
Avec des histoires à dormir debout alors
Que tout ce qu'ils te tchatchent n'est que le hon- hon-hon!
Puis que nous parlons des Anglos,
Je vais t'expliquer leur angoisse dans leur propre lingo:
The Anglophone Problem stems from the second fiddle status
Aassigned to English-speaking Cameroonians
By francophone members of government,
There seems to be a deliberate attempt
On the part of Francophone government officials
To erode the Anglo-Saxon language and culture in Cameroon,
This probably explains why in English-speaking towns and cities

Such as Bamenda, Buea, Tiko, Kumba, Bali, Kumbo,
Ndop, Santa, Mbengwi and Nkambe to name but a few
There are billboards and toll-gates
With inscriptions written entirely in French!
Tiko is a case in point. At the entrance to this town,
Commuters are greeted by a billboard that reads:
'Halte Péage!' How can the man in the street
Who has never had the opportunity to learn French
Understand what this inscription means?
Tiko is not an isolated case.
There are myriads of such French-only
Billboards all over the national territory:
The Nsimalen Airport in Yaounde is a case in point.
At this airport travelers are exposed to mind-boggling gibberish
Such as "To gather dirtiness is good."
This is a literal translation of the français petit nègre[1],
"Ramasser la saleté c'est bien,"
The French in this sentence leaves much to be desired
But the thing that is more
Annoying is the realization that
There are no English language translations
Of the notices posted on the billboards,
The originators of this unintelligible stuff
Probably do not know that
In bilingual countries the world over,
All official communication:
Billboards, memos, letterheads,
Signposts, recruitment forms,
Court forms, police documents,
Health forms, driver's licenses,

[1] French-based Creole language of West Africa

Hospital discharge forms,
And a host of others are written
In the official languages of the countries in question,
Failure to do so would incur a fine
For violation of constitutional stipulations,
An illegal act punishable by law
In countries that uphold the rule of law.
None of that stuff in Ongola!
At the Nsimalen International Airport,
One finds on billboards incomprehensible stuff
Such as "Not to make dirty is better."
This linguistic hotch-potch is
Meant to be a translation for:
"Ne pas salir c'est bien,"
These examples lends credence
To the fact that in Cameroon English
Remains an afterthought in official circles,
Mola, puisque le Cameroun est un pays bilingue,
Je know que tu as déjà pigé ce j'ai tchatché en haut-là
Le big book camerounais, autrement dit,
La constitution ongolaise est très claire là-dessus:
"The official languages of the,
Republic of Cameroon shall be English and French,
Both languages having the same status,
The State shall guarantee the promotion of
Bilingualism throughout the country,
It shall endeavor to protect and promote national languages."
Bro, toi même qui vit au Cameroun,
Comment expliquer dis we own kain
Bilinguilisme à outrance, no?
Notre bilinguisme ongalais se manifeste même comment?

La langua de la gendarmerie c'est le français,
La langua officielle dans l'armée c'est le français,
La langua officielle dans la police onglaise c'est le français,
La langua officielle de l'Assemblée nationale onglaise c'est le français,
La langua officielle du Sénat onglais c'est le français,
La langua officielle de la Cour suprême c'est le français,
La langua véhiculaire de la CRTV c'est le français,
Allez donc tok que le Cameroun,
C'est un bled bilingue!
Même à Nkambe, les gendarmes parlent
Français aux pauvres villaps qui ne comprennent
Rien de rien de la langue de Voltaire!
Même â Mbengwi les zangalewa tchatchent
Le français aux autochtones qui ne pigent rien
De cette langue d'oiseaux!
Partout c'est so-so le francais,
Même à Ndop, les militos parlent
Français aux villakons qui restent bouche-bée!
Dans les ministères downtown Yaoundé c'est seulement
Le lingo de Napoléon que tu ya partout,
Mais après ils viendront me tok des conneries
Que notre cher pays, l'Ongola est bilingue à mort!
Quand je ya leur toli njakiri-là,
Je leur lance seulement que mouf-me de!
En tout cas, moi, j'en ai marre de tout ça, vrai de Dieu!
Les lois pour la mise en application
De notre bilinguisme sont-là,
Sep so, on voit seulement le génocide linguistique
Partout dans notre bled.
Je dis bien partout, hein!
J'ose même dire que c'est

L'apartheid à la camerounaise
Auquel les Camers font face.
Je ne dis pas ça pour lap,
Car la problématique linguistique
Ongolaise ne fait pas lap!
Linguistic genocide is observable
In all spheres of government business,
In the judicial branch of government,
Par exemple, the interpretation of
The letter and spirit of the law is left to
The whims and caprices of
French-speaking judges who are
Ignorant of how the Anglo-Saxon
Legal system really functions.
This has resulted in countless
Miscarriages of justice,
Which we have observed in Ongola.
Un exemple notoire
Connu de tous les Camers,
C'est l'affaire Yondo Black,
A travesty of justice was evident
During the infamous Yondo Black Trial[2]
Way back in the 1990s when an Anglophone witness
Was prevented from testifying on the grounds
That the presiding judge could
Not comprendre son anglais-là!

---

[2] On April 4, 1990, the Yaounde military tribunal was the focus of national and international attention as arguments in the trial of Yondo Black Mandengue and 10 others began. They had been arrested in February of that year for trying to create a political party. Officially, however, the accused were charged with holding clandestine meetings, fabricating and distributing tracts hostile to the Government, rebellion, and insulting the Head of State.

Et pourtant il y a des traducteurs
Beaucoup qui végétent à la Présidence
De la République du Cameroun
A longeur de la journée,
Croyez-moi mombos,
Yes, tara! J'étais moi même un de ces traducteurs-là
Avant de prendre la poudre d'escampette.
True, true, there is a pool of
Trained translators and interpreters
At the Presidency of the Republic of Cameroon
And Ministries who waste precious time
Translating trivia such as inscriptions
On ballot papers for elections
That have been rigged beforehand.
Allez-y donc dire que le Cameroun
N'est pas une anomlie globale,
Les Anglos sont devenus
Les ennemis dans la maison,
Selon certains quidams ignares,
On les nomme les biafrais,
On les taxe de subversion because
Les grafis n'acceptent pas les lie-lie tok,
En fait je mimba say les camers sont malades
De la schizophrénie chronique au Cameroun:
Comment peut-on être Camerounais ?
Le français est-elle ma langue maternelle?
Non, je suis né à Bamenda où l'on ne le parle pas.
Comment peut-on être Ongolais?
L'anglais est-elle ma langue maternelle?
Non, je suis né à Bertoua où l'on ne le parle pas.
Suis-je même Ongolais?
Vraiment, je le crois et m'en expliquerai

Mais de 'pure ethnie' qu'en sais-je et qu'importe ?
Ne m'insultez pas !
Séparatiste ? Autonomiste ? Régionaliste ?
Tout cela, rien de cela. Au-delà !
Mais alors, nous ne nous comprenons plus.
Qu'appelez-vous Camerounais ?
Et d'abord, pourquoi l'être?
Question nullement absurde.
Camerounais d'état-civil,
Je suis nommé Biafrais.
J'assume à chaque instant
Ma situation de Camerounais;
Mon appartenance au Cameroun,
N'est en revanche qu'une qualité facultative
Que je puis parfaitement renier ou méconnaître.
Je l'ai d'ailleurs fait;
J'ai longtemps ignoré que je suis Camerounais.
Camerounais sans problème,
Il me faut donc être Anglophone on top of all that.
Camerounais sans ambages,
Il me faut donc être Francophone in addition.
Si je perds cette conscience,
L'appartenance cesse d'être en moi.
Le Camerounais n'a pas de pièces d'identité,
Il n'existe que dans la mesure où,
A chaque génération,
Des hommes se reconnaissent Camerounais.
A cette heure, des enfants naissent à Bamenda,
Seront-ils Camerounais ?
A cette heure, des enfants
Sont mis au monde à Bafoussam,
Seront-ils Camerounais ? Nul ne le sait,

A chacun, l'âge venu,
La découverte ou l'ignorance linguistique.
I will not parler français at home.
Je ne parlerai point French on the school grounds.
I will not speak French avec mes copains…
I will not speak French with mes camarades de classe…
I will not speak français tout court.
Hello! Ils ne sont pas bêtes, ces Anglos!
Après maintes reprises, ça commence
A pénétrer dans leurs têtes de cochon!
Dans n'importe quel esprit.
ça fait mal;
ça fait honte;
ça agace!
Et on ne speak pas French
Dans les carabets de matango.
Ni aux gares routières.
Ni anywhere else non plus.
On ne sait jamais avec ces conasses de froggies!
D'ailleurs, qui me donne cette
Autorité de crier à tue-tête?
D'écrire ces sacrées lignes rebelles?
Peu m'importe!
J'écrirai ce qui me chante.
Sous n'importe quel ciel,
ça laisse voir qu'on n'est rien
Que des Camerounais de souche.
Don't mind the myopic frogs
Avec leurs propos enfantins:
If you are not heureux ici, allez ailleurs!
Mais dites donc, c'est où votre ailleurs-là?
We're not tout simplement des conards, you know!

Zut alors! ça commence à me taper sur les nerfs.
J'appelle un chat un chat.
Faut dépasser ça, any how.
Faut parler camerounais.
Faut regarder la télévision en camerounais.
Faut écouter la radio in camerounais.
Comme tout bon Camer, d'ailleurs.
Why not just go ahead and learn English?
Don't fight it, vous pigez?
It's easier anyway.
No bilingual schools,
No bilingual constitutions,
No bilingual ballots,
No bilingual toll-gates,
No bilingual billboards,
No bilingual commercials,
No danger of internal frontiers!
Enseignez le camerounais
Aux enfants dès le bas âge.
On n'a pas réellement besoin
De parler français quand même.
Do we really need English de toutes les façons?
Le Cameroun c'est le Cameroun, no be so?
Le chien aboie et la caravane passe, I di tell you!
On restera toujours rien que de sales conards
Si on continue à se casser la gueule à cause
Du patois de l'ex-colon.
Conards, Conasses? Non, non, ça gêne!
On n'aime pas ça. C'est pas cute!
ça nous fait bagarrer,
ça nous fait pleurnicher,
ça nous fait rire,

Mais quand on doit rire ou pleurer,
C'est en quelle langua qu'on rit ou pleure?
Voyez-vous, we day for véritable catch 22!
Ah, ah! Et pour aimer?
Et pour haïr?
ET pour vivre…?
Pour vivre better life,
Il faut se connaître,
Na so I di ask'am say:
When did the rains start to beat us
Lors de ce voyage existentiel?
Was it when our country took
The wrong turn à Foumban?
When a people grope around in obscurity
Oblivious of who they really are
Not knowing where they're actually going
Maybe that's because
Nous ne savons plus d'où nous venons,
Where they hail from
And if they don't know
Their provenance
Then they've failed in the quest
For the fundamental self
Maybe that's because
They're out of touch with reality—
A rediscovery of the ordinary
Très souvent,
We've been branded
Beasts of no nation,
Les bêtes de somme, quoi?
The lost generation of Ambasonia
Aliens in the land of our birth

Some have christened
The children of this land
Fodder for military cannon,
Enemies in the house,
Maybe that's because
Myopia has bred conceit
In the convoluted minds
Of these neo-nitwits
The future holds no good
For the jeune talent
Of this blighted nation
Caught in the crossfire of prevarication
And telltale demagoguery
Of political djimtété
Swamped by the
Hullabaloo of lethal tribalism
And the brouhaha of ethnic cleansing,
And the festering woulds of tribalism,
Swayed by the whirlwind
Of cronyism and cult worship
When the katika do battle
The tchotchoro of Ngola
Leak their gaping wounds
Smothering discontent
May lurk around like the nyamangoro
But there comes a time
When even the mbutuku
Picks up his boxing gloves
Like Mohammed Ali,
Like ear-munching Mike Tyson,
And enters the ring
To do battle with the nyam-fuka

Till death do them part.
Comme disent mes complices de Sasse,
You cannot be neutral on a moving train!
Because the Ongolan train is full of shit!
A bon entendeur salut!
Chaque fois que I think about the deep merde
Into which these salopards de politiciens
Have plunged this freaking pays,
Je jure que I have the urge to leur tordre le cou
With my unarmed mains dare-dare.
Comment se fait-il que we have given
Ces fils de chien the leeway to not only take
Every Camers for a ride but also comble de malheur to
Hypothéquer l'avenir of our children and grand-children?
Ces bandits dévergondés have non seulement
Enriched themselves sur le dos de tous les Camers mais
Ils se sont du même coup transformés
En véritables fossoyeurs de la patrie!
Comment se fait t-il que the more we complain,
The more our leaders nous font la sourde oreille?
J'aimerais bien le savoir because it never rains but it pours,
Merde, Merde, Merde alors!
Il se ne se passe aucun jour without
Some scary news about le détournement
Des deniers publics hitting our
Petits écrans by some quidam
Originaire de Mvoméka,
De Mvolye, ou de Mimboman!
We have hardly digested
L'histoire dégueulasse de l'Albatros présidentiel,
Now the onus is ours to avaler le choc dur

Du scrutin présidentiel truqué à vue d'oeil!
Putain! Putain! Putain alors!
Frankly, sommes-nous tout simplement
Les damnés de la terre ongolaise?,
The scum of the community of humans?
Or les laissés-pour-compte of this Planet Earth?
Wouldn't you really want to know?
A long time ago un certain penseur opiniâtre
Avait laissé entendre que people deserve their leaders;
I have half a mind to say that
Je suis tout à fait d'accord avec ce mola,
The more so because I truly believe that
Les Camerounais deserve Monsieur Paul Biya.
Qui dit le contraire?
Indicate by a show of hands!
Trêve de blagues!
It's time for stock-taking au Cameroun,
Je ai langua que c'est
Le moment du réglement de comptes!
Les Camers must desist from les jeux enfantins
And focus on real issues: corruption, impunity,
Ethnocentrism, tribalism, linguicide, Anglophobia,
Dereliction of duty, human rights violation, moral crisis
And other connasseries qui nous font chier ici à Ongola.
It is high time we faire face à tant de tracasseries
Qui minent notre hitherto enviable beau pays,
In doing so, we must steer clear of witch-hunting
And Speak the truth!
Il est si beau de vous entendre
Parler de Reunification of LRC and Southern Cameroons
Ou du profil gracieux et élogieux
Qui tremble dans les sonnets de René Philombe,

Et dans la prose de Charly Gabriel Mbock.
Nous sommes un peuple inculte et bègue
Mais ne sommes pas sourds au génie d'une langue
Parlée avec l'accent de Samuel Eboua
Speak frankly
Et pardonnez-nous de n'avoir pour réponse
Que les chants rauques de nos ancêtres
Et le chagrin de Foumban
Speak truth
Parlez des choses et d'autres
Parlez-nous de Mount Mary
Ou du monument à John Ngu Foncha
Du charme gris des Grassfields
De l'eau rose du Wouri
Parlez-nous des trahisons francophiles
Nous sommes un peuple peu brillant
Mais fort capable d'apprécier
Toute l'importance des prévarications
Et des propos bidons et houleux
Mais quand vous really speak truth
Quand vous get down to the bottom of matters
Pour parler du gracious living
On both sides of the Mungo
Et parler du standard de vie
Et de la Grande Société ongolaise
Un peu plus fort alors speak truth
Haussez vos voix de maîtres
Nous sommes un peu durs d'oreille
Nous vivons trop près des machines
Et n'entendons que notre
Souffle au-dessus des outils
Speak truth loud and clear

Qu'on vous entende loud and clear
De Bamenda à Mvo-Meka en Camfranglais
Oui! Quelle admirable langue
Pour donner des ordres
Pour mater tout soulèvement
Pour fixer l'heure de la mort à l'ouvrage
Et de la pause qui rafraîchit
Et ravigote le Franc CFA
Speak truth
Tell us that God is on vacation in Ongola
And that we're paid to trust him
Speak truth
Parlez-nous de production,
Profits et pourcentages
Speak truth
C'est une langue riche
Pour s'acheter
Mais aussi pour se vendre
Se vendre à perte d'âme
Ah!
Speak truth
Tu parles!
Mais pour vous dire
L'éternité d'un jour de
Conférence Nationale Souveraine
Pour raconteur une vie de peuple pris en ôtage
Mais pour rentrer chez nous à l'heure où
Le soleil s'en vient crever
Au-dessus des ruelles de Dibonbari
Mais pour vous dire que le soleil se couche
Chaque jour de nos vies à l'est de vos empires
Rien ne vaut une langue à jurons:

Anglos, ennemis dans la maison, Biafrais
Notre parlure pas très propre
Tachée de cambouis
Speak truth
Soyez à l'aise dans vos propos autochtonisés
Nous sommes un peuple rancunier
Mais ne reprochons à personne notre sort
D'avoir le monopole
De la correction de langage
Dans la langue douce de Shakespeare
Avec l'accent de Bernard Fonlon
Parlez un anglais pur et atrocement blanc
Comme en Grande Bretagne
Parlez un français impeccable comme en France
Une étoile noire entre les dents
Parlez rappel à l'ordre
Parlez répression
Speak truth,
Le créole camerounais,
C'est une langue universelle
Nous sommes nés pour la comprendre
Avec ses mots lacrymogènes
Avec ses mots matraques
Speak truth
Tell us again about Freedom and Democracy,
Tell us about cultural authenticity,
Tok to us about quest for freedom and identity,
Nous savons que liberté est noire
Comme l'émotion est nègre
Et comme le sang se mêle à la poussière
Des rues d'Abakwa ou de Molyko
Speak truth

De Garoua à Nkambe relayez-vous
Speak truth comme cela se doit
Speak truth comme dans l'Evangile
Be civilized! Get out of Conrad's Heart of Darkness!
Et comprenez notre parler de circonstance
Quand vous nous demandez poliment
How do you do?
Et nous entendez vous répondre
We're doing all right
We're doing just fine in Ongola!
We are not alone, you know.
Je sais dans mon fort intérieur
Que nous ne sommes pas seuls dans cette vendetta
Contre les déconstructeurs de l'édifice national.
Our own unsung heroes sont avec nous:
Nombreux sont nos compatriotes
Who paid le prix suprême,
To safeguard nos libertés
Et pourtant, Nooremac remains
A hellhole where the rich feed muck to the poor
Ruben Um Nyobé might have given up the ghost
In the depths of the forest
Of Sanaga Maritime
Fighting for the liberation du peuple Nooremacais
Still, Nooremac remains a crab-house
Where the fittest survive by undoing les plus faibles
Ernest Ouandie might have been
Eliminated on January 16, 1971
In the name of Nooremac
Alas, Nooremac remains a human zoo
Where predators prey on les damnés de la terre
Bishop Albert Ndongmo might have

Been arrested and convicted
In December 1970
In the name of Nooremacans
Tant pis! Nooremac continues
To stagnate in the doldrums bon gré mal gré
Wambo le Courant
Might have been a partner in "crime"
With Albert Ndongmo et consorts
For the sake of Nooremacans
C'est bien dommage!
Mais Nooremac refuses to crawl
Out of its perpetual claustrophobic lethargy
Félix-Roland Moumié
Nooremac's Marxist leader
Aurait été éliminé
In Geneva by the SDECE
(French Secret Service) with thalium
Tant pis, Nooremac continues to be Golgotha
Where miscreants and homicidal culprits call the shots
Ndeh Ntumazah and Albert Womah Mukong
Might have put their lives
In jeopardy in the name of Nooremacans
Hélas, the wheel of national
Deconstruction continues to grind
And grind, and grind, and grind
Slowly but surely toward abysmal disintegration
Forget not Bate Besong alias BB!
The Wonderful Man of Ako-Aya
Obasinjom warrior
National gadfly!
Whose penmanship is the cloth of our nakedness
His poetic Hosanna of Liberation

Is more soothing than
The spurious cacophonic choir—
Of the nation's grave-diggers,
Requiem pour Ongola:
O Cameroon, Thou Cradle of our Fathers…
Land of Promise, Land of Glory!
Ha! Ha! Ha!! / (Laughter is therapeutic!)
Land of Promise, Land of Glory, my eyeballs!
The Land is shaken to its very foundation
By a polity in putrefaction!
Decreed by the credo of *Chop-broke-potism*,
Feu d'artifice qui a donné naissance à l'animosité
Entre les grafis et leurs frangins du Sud-Ouest—
Da barlok North-West- South West Divide again!
Au fait, Capo tu peux me langua un peu
De cette guerre entre les Anglos originaires
Du Nord-ouest et leurs frangains du Sud-ouest?
Réfré, c'est une longue histoire fracticidaire
Qui a start depuis from avec les baos
Comme le Docta Emmanuel Mbela Lifafa Endeley du Sud-ouest
Et John Ngu Foncha du Nord-ouest.
Avant le plébiscité infâme de Foumbam en 1961,
Ces deux joueurs politiques
Voulaient l'un l'union entre
Le Cameroun Anglophone et le Nigéria,
Et l'autre l'Union entre le Cameroun Anglophone
Et le Cameroun Francophone,
Finalement, il paraît que c'est Foncha qui
A gagné le pari et la guerre insidieuse
A commencé à Ongola!
La guerre au Nord-ouest,

La guerre au Sud-ouest,
Ouais, c'est depuis from que
Cette guerre que nous nyè auday a commencé.
Donc, si somebody qui ne know rien
Vient te ask que membre,
Pourquoi tant d'animosité entre
Les réfrés et les résés qui tcatchent la même langua
Tu saurais quoi lui dire,
The truth is bitter mais il faut quand même le tchatcher.
Voilà, alors capo la genèse de la guerre intestine
Entre le Nord-ouest et le Sud-ouest du Cameroun.
Auday, cet malentendu est become
Un vrai tsunami qui risque
De foutre le bled dans le caca.
Tu pars à Buea, tu vas ya les Bakweri qui tok
Seulement que les grafis-là,
Man must lookot!
Tu waka à Kumba, même toli,
Tu go même à Limba, daso di same magana.
Tribalisme au sud;
Ethnophobie au nord;
Haine fraternelle à l'ouest;
Bahat consanguine à l'est;
Popo me, je wanda que,
Cest même quand la fin de cette
Guerre des moumous between les réfrés et résés?
Auday, ce bahat est exploité par les Frogs
In order to diviser pour mieux règner.
C'est ça-o mon frère:
Diviser afin de mieux nous dominer!
C'est le modus operandi des Rdpcistes!
Comble de malheurs, mes frères Anglos,

N'ont pas nyè ce piège,
Ils sont fall là dedans headlong!
Quel dommage! Bâtards de bâtardises!
Et le vrai bâtard dans tous ça,
C'est Baba Toura,
Le premier Koukouma ongolais,
Qui n'avait pas fait long crayon
Mais qui savait bien jouer le jeu politique,
A la camerounaise certes!
Ahmadjo Ahidjo n'était pas ange
Mais quand même, c'était un monsieur
Qui avait de la dignité et de l'amour
Pour son kontri, tu me ya no, réfré?
Baba Toura, been dong comot we for fire,
Il s'assurait de la bonne marche du pays,
Jadis, nous avions de bonnes routes,
Je dis bien de bonnes routes, hein
Pas les axes lourds meurtriers biyaistes
Que les Camers ont héritées du régime des vauriens betis-là,
Auday, Ongola est devenu la capital mondiale de la corruption,
Ouais résé, crois-moi!
Notre pays est become la risette
De la communauté mondiale, all because of
Le gouvernement chiant de Paul Biya,
A.K.A ancien chaud gars qui a deny de rapatrier
Le corps de Baba Toura,
Mort et enterré à Dakar depuis from.
Les Camers demandent à Popol d'une seule voix,
De bring back le cadavre de son précédecesseur
Pour effectuer un cry die digne

De son statut d'ancien Chef d'Etat,
Sep so, Popol a dit non et non!
Hanté par les fantômes du 6 avril,[3]
Il ne veut rien ya du palaver du Pardon National.
L'affaire Ahidjo est become
Un véritable casse-tête chinois en Ongola!
La radio-trottoir a parlé fatiguer
Nothing! Popo est devenu comme
Un sourd-muet à cause de l'affaire Ahidjo.
La CRTV a chanté à mort, Wusai!
Popol est resté lui-même comme un cadavéré.
Na so Popol day,
Quand il n'aime pas quelque chose,
Il devient sourd-muet.
C'est comme ça qu'il est devenu
Lors du lancement du SDF,
Parti politique d'opposition
De l'enfant terrible de Ntarikon,
Ni John Fru Nd, l'opposant notoire de Bamenda.
La seule ville ongolaise qui donne
Des cauchemars à Paul Mbiya.
Si vous ne knowiez pas il faut le know mainant:
Bamenda, c'est le Waterloo de Popol,
Ouais frère-o, Popol fait pipi dans son papa-j'ai grandi,
Chaque qu'il entend parler de la ville de Bamenda,
Même si les Fons du Nord-ouest l'ont nommé
Fons of Fons, tout ça ne fait
Nullement dormir Popol la nuit;
Il fia les grafis comme la lèpre et se méfie pas mal d'eux,
Croyez-moi, kondre pipo

---

[3] Il y un coup d'état manqué contre le régime de Paul Biya le 6 avril 1984

Dans tout ça, je rends honneur à un seul mola—
Ni John Fru Ndi— ce monsieur a show aux ongolais
Comment il faut traiter avec les dictateurs comme Popol.
Avant, il n'y avait que le RDPC à Ongola,
Auday, il y a les partis politiques d'opposition
Every where comme les kokombioko,
Grace à Fru Ndi, le kanas man d'Abakwa.
Certains disent que Fru Ndi a damé le soya,
Fru Ndi a fait ceci, Fru Ndi a fait cela
Y en a même qui disent que Fru Ndi
A mis la main dans la mangeoire pubique.
Je leur dis que non, il ne faut pas tok
Quelque chose que vous n'avez pas nyè,
Vous m'entendez bien, hein,
Fru Ndi n'a pas damé le soya,
Le grand problème du Koukouma du SDF
C'est qu'il entouré des bandits;
Conséquence de ce bourou-bourou?
Fru Ndi est resté Chairman de son parti à perpétuité!
Et pourtant le SDF est un parti qui a fait rêver
Pas mal d'Ongolais; hélas!
D'ailleurs c'est pas seulement le SDF
Qui fait face à ce genre de famla politique—
L'Union démocratique du Cameroun (UDC)
Parti d'Adamou Ndam Njoya ne fait pas mieux!
Ndam Njoya, lui aussi est resté Chef
De son parti depuis from,
Ne parlons même pas de la confrerie politique
De Bouba Belo Maigari— the National
Union for Democracy and Progress (UNDP),
Une mafia politique qui a enfanté d'une souris.
Une autre mafia se trouve dans le camp des Bami,

Avec le groupuscule politique de Victorin Hameni Bieleu—
Union des forces démocratiques du Cameroun (U FDC).
Voilà, donc réfrés et résés ongolais votre démocratie avancée!
Les politiquarts ongolais ne cessent de nous nourrir
Des mensonges, des conneries, et du caca!
Les élus du peuple sont experts en matière de double-speak:
Faites confiance aux élus du peuple,
Vos routes seront goudronnées d'ici peu,
Dans les limites de leurs moyens certes.
Chose promise, chose due!
Fiez-vous à vos députés,
Tous les hôpitaux seront
Approvisionnés en médicaments,
Dans les limites du possible, certainement,
La promesse est une dette !
Rassurez-vous, tous les diplômés
Travaillant au Chômercam,
Seront embauchés aussitôt que possible,
Dans les limites du possible assurément.
Il ne faut pas badiner avec ce genre de misère.
Soyez rassurés, tous les arriérés,
Salariaux seront payés tout de suite,
Dans les limites de nos moyens,
On ne dort pas lorsque les voisins ont
Le ventre affamé.
Faites confiance aux élus du peuple,
Toutes les écoles auront assez de
Fournitures bientôt,
Dans les limites de nos budgets.

Chose promise, chose due !
C'est certain, tous les retraités seront
Pris en charge sans plus de manières.
Personne ne végéterait devant le bâtiment
De la Caisse de la Prévoyance Sociale.
La promesse est une dette!
Il va sans dire,
Tous les sans-abri seront logés
Sans plus de cérémonie.
Nous vivons selon les préceptes
Du Contrat Social
Chose promise, chose due.
Faut toujours faire confiance
Aux élus du peuple,
Même s'ils rirent sous cape.
Leurs paroles ne sont pas les bidons vides.
On ne lap pas avec les élus du peuples, hein.
Vraiiiiment ! L'Ongola des chop-bluk-pot c'est djinja!

Glossaire

A

Abakwa: Bamenda
Aboki: ami, vendeur de soya
Achouka: bien fait pour toi!
Achouka ngongoli: bien fait pour toi!
Aff: affaire
Akwara: prostituée; pute
Ala: autre
Alamibou: magicien; voyant
Ali Baba: voleur; bandit; Popol
Allô: mensonge
Ami-ami: ami intime
A mort: tellement
Anglo: Anglophone.
Apprenti-sorcier: opposant
Ashawo: prostituée
Ask: demander
Attrape-manioc: dents
Auday: aujourd'hui

B

Baba Toura: Ahmadou Ahidjo
Babtou: blanc
Baca-licencié: Licencié qui a un Bac
Badluck: malchance
Bahat: haine; méchanceté
Bally-Bally: jeu d'argent
Bangala: pénis
Bao: baobab; grand

Barlok: malchance
Bayam sellam: revendeur; revendeuse
Bekoz: parce que
Bellé: grossesse
Bendskin: moto
Bendskinneur: conducteur de moto
Biyaiste: supporter de Paul Biya
Bled: maison, pays, village
Bolè: terminer, venir à terme, mourir
Bourou-bourou: confusion, cafouillage
Bro: frère
Burushi: policier

C

Caca: merde; excrément
Cacos: habits
Call box: endroit où des téléphones sont disponibles à l'usage public
Call-boxeur: homme qui s'occupe d'un call-box
Call-boxeuse: femme qui s'occupe d'un call-box
Camer: camerounais
Camerien: camerounais
Capo: ami; personne influente; directeur
Chaud gars: dragueur; Paul Biya
Chavoum: fusil
Check: penser; songer à
Chef- ban: grand bandit
Chem: chemise
Chia: poste; siège
Chiba: acte de faire la chatte; parler des feymans
Chômercam: chômage au Cameroun
Chop-bluk-pot: avare

Chop-broke-pot: avare
Chop chia: remplacer; succéder à, dauphin, successeur
Clando: clandestin
Close: habits, vêtements
Coma: cinéma
Come no go: maladie de la peau qui une fois déclenchée, ne finit pas
Comot: s'en aller; sortir, avoir lieu; venir de
Copo: copain
Cop's: copains
Cry die: funérailles

D
Dang: dangereux
Dangwa: marcher
Dan sanda: policier
Dash: faire cadeau; donner
Daso: toujours
Day: il y a
Deme: lutter; se battre
Depuis from: Il y a longtemps
Djim: grand; gros, bien
Djim djim: très grand
Djimtété: caid; chef de bande
Djinja: très difficile; mer à boire
Djo: mec, ami
Djong man: ivrogne
Docta: docteur; marabout
Dong: has
Dos: argent; sous

E

Ekié! interjection qui marque la surprise
Etre back: rentrer

F

Fada: prêtre
Fafio: argent
Famla: société occulte bamiléké
Fais quoi, fais quoi: quoi qu'il arrive; coûte que coûte
Feyman: escroc
Feymania: escroquerie
Feywoman: escroc
Fia: se mefier de, avoir peur
Foi: pauvreté
Foirage: pauvreté
Foirer: sans le sou
Fok: faire l'amour, baiser
Frog: Francophone au Cameroun
Froggie: Francophone au Cameroun
Franglo: Franglophone au Cameroun

G

Gee: donner; céder à
Gnoser: avoir des relations sexuelles; faire l'amour
Go: fille
Gombo: légume, affaire juteuse
Gonzesse: jeune fille
Grand Camarade: El Hajj Ahmadou Ahidjo
Grand Katika: Président de la République
Gring: accepter
Grong: terre

H

Haba! Exclamation qui marque la surprise
Half-book: demi-analphabète
Hause: maison
Helep: aider; aide
Hia: ici; écouter
Homme Lion: Paul Biya, Président camerounais actuel
Hon hon hon: vantardise
Hospita: hôpital
Hosto: hôpital

I

If: si

J

Jeune talent: Jeune homme, jeune fille,
Je wanda: je me demande
Jobajo: boisson alcoolisée; bière
Johnny: marcher à pied; se promener
Johnny-Four-Foot: chèvre; imbécile

K

Kain: genre
Kamambrou; chef d'état, dirigeant
Kam-no-go: maladie de la peau qui une fois déclenchée, ne finit pas
Kanas: testicules
Kanda: la peau; parties sexuelles
Kan-kan: toutes sortes de; une variété de
Kapo: ami; personne influente; directeur.
Katika: patron; directeur; chef d'Etat
Kengué: Imbécile

Kick: voler, déroboer
Kicker: voler, dérober
Kickman: voleur; bandit
Kick pipo: voleurs; bandits
Knack kanda: faire l'amour; baiser
Kokombioko: champignon
Kolo: mille francs
Kollo: mille francs
Kolo fap: mille cinq cents francs
Komot: s'en aller; sortir, avoir lieu; venir de
Kondre; pays
Kongolibon: rasé de près
Kontri: pays
Koukouma: président, chef d'Etat
Krish: fou; folle folie, saoul, saoule
Kwat: quartier; pays, domicile

L

Là Là!: tout de suite
Lage: village
Langua: parler; langue; discours
Lap: blaque; rire
L'homme Lion: Paul Biya
Long: maison; domicile
Long crayon: personne ayant des diplômes élevés
Lookot: faire attention

M

Maboya: prostituée
Magana: parole; discours
Makalapati: pourboire
Mange-mille: policier corrompu

Manioc: vagin; parties privées de la femme
Marred: mariage
Massa: monsieur; patron
Matango: vin de palme
Mater: mère
Matoa: voiture
Mazembe: bandit
Mbambe: corvée; tâches ingrates
Mbeng: Europe
Mbengueter: voyager en Europe
Mbenguiste: quelqu'un qui voyage souvent en Europe
Mbéré-khaki: policier
Mbindi: frère cadet; jeune
Mboa: pays
Mbom: mec, gars, homme
Mbombo: homonyme
Mbourou: argent; sous
Mbout: stupide; idiot
Mboutoucou: stupide; idiot
Mboutman: stupide; idiot
Mbutuku: stupide; idiot
Magan: fétiche
Megan: fétiche
Melecin: médicament; fétiche
Membre: mec; type
Meng: crever; mourir
Menterie: mensonge
Merco: Mercédès
Metoche: métisse
Mimba: penser
Mbimbo: boisson
Milito: militaire

Mini minor: femme de petite taille
Mof de! Va t'en!
Mof me de! Fiche-moi la paix!
Mola: gars; monsieur
Mop: bouche
Moto: voiture
Motua: voiture
Mougou: fainéant; imbécile
Mouna: enfant
Muna: bébé

N

Nang: dormir
Nassara: homme blanc; femme blanche
Nchinda: serviteur; subalterne
Ndamba: ballon; match de football
Ndeme: pagaille; désordre
Ndiba: eau
Ndo: argent
Ndombolo: fesses
Ndomo: frapper; se batter
Ndoutou: malchance
Ndutu: malchance
Nga: fille; femme
Ngata: prison
Ngataman: prisonnier
Ngi: fille, femme
Ngo: Ongola; fille
Ngola: Cameroun
Ngomna: gouvernement
Ngré: faim
Ngueme: pauvreté

Ngui: fille; femme
Ngum: pouvoir
Niama niama: petit
Nie-man: pauvre type
Nindja: policier
Njakiri: plaisanterie
Njangi: société mutualiste
Njoh: gratuit
Njoter: profiter; prendre ou obtenir quelquechose gratuitement
Nkane: prostituée
Nkap: argent; sous
Nooemac: Cameroun
Ntamulung choir: bruit inutile
Ntong: la chance
Nyamangoro: escargot
Nyang: vendre
Nyè: voir; jeter un coup d'oeil sur
Nyoxer: baiser; avoir des relations sexuelles
Numéro six: sixième sens; intelligence

O

Odontol: boisson alcoolisée produit au Cameroun
One-man-show: solo; récital; spectacle solo;
Ongola: Cameroun; Yaoundé
Ongolais: camerounais
Opposant: membre d'un parti politique d'opposition au Cameroun

P

Pa Pol: Paul Biya
Padre: Prêtre

Palava: affaire
Pain chargé: sandwich contenant du beurre, de la pâte d'arrachide, des omelettes, de la viande, du pâte,etc.
Pater: père
Pays bas: organe sexuel
Perika: Petit frère
Pif: aimer
Pikin: enfant
Pipo: gens
Politiquart: politicien; homme/femme politique
Popo: réellement
Popol: Paul Biya; Président camerounais
Poum: s'enfuir; s'échapper
Pousse-pousse: cyclo-pousse
Pousseur: conducteur de pousse-pousse
Pousseuse: conductrice de pousse-pousse
Prein-prein: fusil

Q

Quat: quartier; pays, domicile
Quata: quartier résidentiel

R

Radio-trottoir: commerages; rumeurs
Rdépéciste: membre du Rassemblement Démocratique du Peuple Camerounais (RDPC); parti politique au pouvoir au Cameroun.
Réfré: frère
Rémé: mere
Répé: père
Résé: soeur
Roi-fainéant: roi qui ne fait rien; chef d'Etat paresseux

S
Sabi: savoir; connaître
Saka: danser
Sans confiance: sandalette faite d'une semelle et d'une lanière de plastique
Sans con: sandalette faite d'une semelle et d'une lanière de plastique
Saper: s'habiller à la mode
Sara: homme blanc; femme blanche
Sauveteur: vendeur à la sauvette
Sharp sharp: de bonne heure; très tôt le matin
Shiba:rester; domicilier à
Sissia: menace; impressionner
Sista: soeur
So so: sans cesse
Soja: militaire
Soya: viande de boeuf; pourboire
Souler: boire
Squatter: rester; être domicilié à; demeurer
Sukulu: école
T
Tanap: se mettre debout
Tara: complice; mec
Taximan: conducteur de taxi
Tcham: ennuyer
Tcha: choisir; prendre
Tchat: raconteur; dire
Tchatcher: parler bien
Tchatcheur: celui qui tchatche; qui parle bien
Tchoko: corrompre; brader
Tchotchoro: gamin (e); adolescent (e)
Tchouquer: faire l'amour; baiser

Tchouqueur: coureur de jupons
Tek: prendre
Titi: nana; fille
Tok: parler; dire
Toli: fait divers
Tontine: société mutualiste
Tori: fait divers
Toubab: blanc; blanche
Tourne-dos: restaurant ambulant
Turu: vrai ; vérité

V

Ventrologie: politique du ventre
Ventrologue: politicien du ventre
Vesté: s'habiller en costume
Viens-on–reste: concubinage
Villakonkon: villageois (e)
Villaps: villageois
Voiso: voisin; voisine
Vrai de Dieu: au nom de Dieu
Vrai-vrai: à vrai dire
Voum: se vanter; vantardise
Vum: se vanter; vantardise

W

Wadjax: mulsuman originaire du nord du Cameroun
Wa: fille qu'on aime; amie, copine
Wai: interpellation d'une personne originaire nord du Cameroun
Waka: marcher; se promener
Walai! Expression de colère
Wanda: s'étonner; se demander

Wangala: organes sexuels
Wata: eau
Wok: travail; travailler
Wolowoss: prostituée
Wuna: vous
Wuru-wuru: magouille

Y
Ya: écouter; entendre
Ya bad: souffrir
Yap: humilier
Yia: se sentir
Yo: jeune garcon
Yoh: jeune garcon
Youa: votre; ton; ta
Yoyette: jeune fille

Z
Zamba: Dieu dans la langue beti
Zamzam: très grand
Zangalewa: soldat; militaire
Zik: musique
Zikmu: musique
Zouzoua: carburant de mauvaise qualité

Printed in the United States
By Bookmasters